BEI GRIN MACHT SICH IHR WISSEN BEZAHLT

Bibliografische Information der Deutschen Nationalbibliothek:

Die Deutsche Bibliothek verzeichnet diese Publikation in der Deutschen National-
bibliografie; detaillierte bibliografische Daten sind im Internet über http://dnb.d-
nb.de/ abrufbar.

Impressum:

Copyright © 2004 GRIN Verlag
Druck und Bindung: Books on Demand GmbH, Norderstedt Germany
ISBN: 9783640191260

Dieses Buch bei GRIN:

https://www.grin.com/document/27715

Alexander Loos

Ethikberatung. Eine Qualifikation mit Zukunft?

GRIN Verlag

GRIN - Your knowledge has value

Der GRIN Verlag publiziert seit 1998 wissenschaftliche Arbeiten von Studenten, Hochschullehrern und anderen Akademikern als eBook und gedrucktes Buch. Die Verlagswebsite www.grin.com ist die ideale Plattform zur Veröffentlichung von Hausarbeiten, Abschlussarbeiten, wissenschaftlichen Aufsätzen, Dissertationen und Fachbüchern.

Besuchen Sie uns im Internet:

http://www.grin.com/

http://www.facebook.com/grincom

http://www.twitter.com/grin_com

<u>Seminar:</u> Ethische Entscheidungsfindung in interdisziplinären Kontexten

<u>Referent:</u> Alexander Loos

Evangelische Fachhochschule Darmstadt, FB II, den 17.12.03

Ethikberatung

Inhaltsverzeichnis:

Heranführung an das Thema „Ethikberatung"

Dieses Referat entstand hauptsächlich in Anlehnung an die Diplomarbeit von Herrn J. Wagner mit dem Titel **„Ethikberatung- ein neues Aufgabenfeld. Möglichkeiten und Grenzen der Einflussnahme von Pflegenden auf ethische Probleme im Krankenhaus"**. Vorgelegt wurde diese Diplomarbeit im Sommersemester 2003 an der Evangelischen Fachhochschule Darmstadt im Fachbereich II, Pflege und Gesundheitswissenschaften.

Das Thema dieses Referates ist die Frage: **„EthikberaterIn in Einrichtungen des Gesundheitswesens- eine Qualifikation mit Zukunft?"**, ebenso soll diese Arbeit einen Impuls zur Diskussion im Seminar **„Ethische Entscheidungsfindung in interdisziplinären Kontexten"** bei Prof., Dr. theol., M.A. Pädagogin, Pfarrerin, Marion Großklaus- Seidel bieten.

1. Warum ist Ethikberatung so wichtig für Patienten und Berufstätige des Gesundheitswesens?

Ethikberatung ist als ein Teilbereich der Beratungsaufgaben in der Krankenpflege anzusehen. Ethikberatung wird immer dann notwendig, wenn Entscheidungen getroffen werden müssen, die den Verantwortlichen überfordern bzw. verunsichern.
In der heutigen Zeit in der viele Bereiche der Medizin immer stärker technisiert werden und die Möglichkeiten zur Heilung von Krankheiten immer vielfältiger sind, kommen Ärzte und Pflegende immer wieder in Situationen, in denen sie möglichst schnell, „angemessene" Entscheidungen z.b. über Leben und Tod treffen sollen. Wagner nennt in diesem Zusammenhang den Begriff des „ethischen Stress".
Nicht nur die Technisierung beinhaltet neue Konfliktfelder mit sich, sondern auch die Verschiebung von den Akuterkrankungen hin zu chronischen Erkrankungen. Immer mehr ausweglos erscheinende Situationen entstehen und auch bei den Patienten werden Ängste geschürt.
Ein Grund dafür ist nach Herrn Wagner, die schnelllebige Zeit, in der von den Menschen eine ständige Anpassung durch permanente Veränderung erwartet wird. Das innere Wertesystem muss auf die externen Einflüsse und Anforderungen immer wieder neu eingestellt werden. Er identifiziert drei Konfliktfelder, die hinsichtlich der Entwicklung von Ängsten und Unsicherheiten eine entscheidende Rolle spielen (vgl. Wagner 2003, S.3-4).

1.1 Welche Konfliktfelder machen Ethikberatung besonders notwendig?

1.1.1 Forschung und Technik

Wie oben schon erwähnt werfen die Entwicklungen und Möglichkeiten der modernen Medizin immer mehr ethische Fragen auf. Die Zahl der Fälle steigt, in der die Verantwortlichen überfordert sind. Dies macht die Ethikberatung immer wichtiger und immer sinnvoller, um Ärzten und Pflegenden, sowie Patienten und Angehörigen eine Grundlage der Entscheidungsfindung zu bieten, denn nicht alles was medizinisch machbar erscheint ist auch als sinnvoll anzusehen. Es gibt Therapieformen für nahezu jede Erkrankung, aber in den meisten Fällen gibt es für Pflegende und Patienten keinen Ansprechpartner, um Gewissenkonflikte zu reflektieren und somit zu verarbeiten bzw. mit ihnen besser umgehen zu können.

Potentielle ethische Konfliktfelder sind in diesem Zusammenhang:

- die Frage nach Therapieverzicht bzw. Therapiebegrenzung
- handeln im Zusammenhang mit hirntoten Patienten bzw. die Frage über die Entnahme von Organen
- der Schwangerschaftsabbruch
- legen einer PEG- Sonde trotz Ablehnung des Patienten
- Problematiken im Zusammenhang mit der künstlichen Beatmung
- Konflikte durch die sich immer weiter entwickelnde Gentechnologie
- Gabe von Psychopharmaka bei verhaltensgestörten oder verhaltensauffälligen Patienten.

Dies sind nur einige Konfliktfelder im Bereich Forschung und Technik, die ethische Fragen aufwerfen. Es zeigt aber auf wie groß der Bedarf für eine Ethikberatung ist und in Zukunft immer weiter wachsen wird (vgl. Wagner 2003, S.4-6).

1.1.2 Wertepluralismus

Nie zuvor herrschte in unserer westlichen Gesellschaft, die sich auf die Freiheit auf Meinungsäußerung beruft, eine so große Vielfalt an Denkströmen. Die Vermischung der Gesellschaft mit anderen Nationen und Kulturkreisen führt zu einem großen Angebot an Philosophien, Religionen und Weltanschauungen. Es gibt in unserer Gesellschaft nicht mehr ein bestimmendes Werte- und Normsystem, sondern viele konkurrierende Systeme mit denen jeder Einzelne konfrontiert ist.
In der pluralistischen Gesellschaft wird Recht und Ordnung nicht durch ein bestimmendes Wertesystem erzielt, sondern durch den Konsens der bestehenden Wertesysteme. Diese Vielfalt der Werte wirft aber immer mehr neue Fragen auf nicht nur im Bereich des Gesundheitswesens. Ethikberatung kann in diesem Zusammenhang als „Wegweiser durch den Wertedschungel" gesehen werden und kann konkrete Hilfestellungen für den Betroffenen oder Handelnden geben (vgl. Wagner 2003, S.6-7).
Der Wertepluralismus ist somit als ein Produkt demokratischer Strukturen anzusehen.
Ein Beispiel wäre hier z.B. eine Verweigerung einer nötigen Bluttransfusion aus religiösen Gründen und die damit aufgeworfenen ethischen Fragen.

1.1.3 Verteilungsgerechtigkeit (Allokation)

Die Verteilung finanzieller, personeller und sachlicher Mittel wird auch als Allokation bezeichnet.

Im deutschen Gesundheitswesen wird es in der Zukunft zu einer Allokationsproblematik kommen, da die Verteilung dieser Mittel immer stärker eingeschränkt wird. Das Bedürfnis nach diesen Mittel, also die Nachfrage ist aber nahezu unbegrenzt. Durch immer höhere Kosten für Behandlungen wird nicht jede Therapiemöglichkeit für alle Patienten erschwinglich sein. In der aktuellen Diskussion wird schon laut darüber nachgedacht bis zu welchem Alter eines Patienten, ein künstliches Hüftgelenk einen Nutzen besitzt Das Szenario der Spaltung der Gesellschaft ist nicht mehr unrealistisch und gilt als wahrscheinlich. So wird das Entstehen einer Zweiklassengesellschaft noch weiter gefördert werden.

Diese Entwicklung könnte ebenso zu einer Spaltung in der Pflege führen. Pflege der Menschen die zahlen können und eine Pflege derer, die keine Mittel besitzen und im Elend enden.

In diesem Zusammenhang erscheint es einleuchtend, dass sich gerade hier ein immer größerer ethischer Beratungsbedarf manifestieren wird. Die Fragen der Zukunft in diesem Zusammenhang werden u.a. sein:

- **Welcher Patient bekommt welche Behandlung und wie wird diese Entscheidung gerechtfertigt?**
- **Welche Behandlung wird bezahlt und welche nicht?**

Diese Fragen werden zu großen Diskussionen führen, da sie aller Wahrscheinlichkeit nach kontrovers diskutiert werden und nicht für alle nachvollziehbar sein werden. Ethikberatung wird also auch notwendig, um die Probleme der auftretenden Ungerechtigkeiten im Zusammenhang mit der Verteilung der Mittel verarbeiten zu können (vgl. Wagner 2003, S. 8-9).

2. Beispiele für Ethikberatung aus der Praxis:

2.1 Ethik- Konsil im Freiburger Universitätsklinikum

Konsil: Diagnostische und therapeutische Probleme werden z.B. in der Inneren Medizin durch das Hinzuziehen von Spezialisten aus Neurologie, Psychatrie oder anderen Fachgebieten gelöst. In diesen Beratungen fließen die Kenntnisse des Spezialisten aus der Literatur über ethische und rechtliche Fragen z.B. der Therapiebegrenzung ein.
Ein Konsil kann und soll werteorientierte Entscheidungen am Krankenbett nicht durch Gesetze, Richtlinien oder medizinischen Sachverstand allein beantworten.
Ethik-Konsile sind eine Form der Unterstützung bei der Suche nach einer Problemlösung in der Patientenbetreuung. Sie erfordern spezielle Kompetenzen, z. B in Theorie und Methodik der Ethik. In der Fall- und Problemanalyse, in Gesprächsführung und in den vielfältigen Konfliktbereichen unseres Gesundheitswesens. Der Ethik-Berater kann aus seiner Erfahrung mit solchen Entscheidungskonflikten paradigmatische Fälle und Lösungsansätze durch Stellungnahmen von Fachgesellschaften anbieten. Ethik-Konsile haben oft neben der aktuellen Problemlösung zugleich die Funktion einer praxisnahen internen Fortbildung.
(Quelle: http://www.ukl.uni-freiburg.de/zerm/pdf/taetigkeit_2002.pdf Stand:09.12.2003)

Das Freiburger Universitätsklinikum arbeitet eng mit den Mitgliedern des Zentrums für Ethik und Recht in der Medizin (ZERM) zusammen. Sie berät ärztliche Wissenschaftler vor Forschungsvorhaben am Menschen, wissenschaftlichen Untersuchungen an entnommenen Körperflüssigkeiten und -geweben, epidemiologischen Studien und anderen Forschungsvorhaben aufgrund der Bundesgesetze und der Berufsordnung für Ärzte. Darüber hinaus wird die Kommission auch für andere Fakultäten und Einrichtungen der Albert-Ludwigs-Universität beratend tätig. Diese unabhängige Kommission hat 27 ehrenamtlich tätige Mitglieder.

Die Mitglieder des ZERM setzen sich aus folgenden Bereichen zusammen: klinische Medizin, Theologie, Pharmakologie, Biometrie und Statistik, Rechtswissenschaft, Ethik, Vertreter der Ärztekammer und Sachverständige aus den Bereichen: Neurochirurgie, Strahlenschutz und medizinische Technik.

(Quelle: http://www.ukl.uni-freiburg.de/ethik-komission/mitglieder_main.html

Stand:09.12.2003)

Von den Mitgliedern werden Aufgaben wahrgenommen, die als klinische Ethik- Beratung bei schwierigen Therapieentscheidungen zu bezeichnen sind.

Die Beratungen finden mit einem oder mit mehreren Mitgliedern (je nach ihrer Verfügbarkeit) des ZERM aus den Bereichen Medizinethik oder Medizinrecht statt. Beratungen finden individuell mit Ratsuchenden oder mit einem ganzen Stationsteam statt. Anfragen für den Bedarf einer Beratung kommen aus der Klinik. Hier sind speziell die Intensivstation, Neurologie bzw. aus dem Bereich der Betreuung von Tumorpatienten (vgl. Reiter-Theil 1999, S.224).

Vom ZERM wird Ethikberatung auf Antrag in vielen unterschiedlichen Settings angeboten:

- *Face-to-face setting*: eine Einzelperson (Arzt, Pflegender, Patient oder Angehöriger) wird von einem Mitglied des ZERM beraten
- *Small-team setting*: ein klinisches Team beantragt Ethikberatung von einem Mitglied oder einer Gruppe des ZERM
- *Formal-team setting*: der Direktor eines Klinikbereichs beantragt Ethikberatung von einer Gruppe aus dem ZERM
- *Public-academic setting*: in Ethikforen im Krankenhaus werden Fälle aus der Ethikberatung mit einer Gruppe des ZERM diskutiert (vgl. Wagner 2003, S.47-48).

Anlässe für ein Ethik- Konsil können folgendermaßen klassifiziert werden:

– *Konflikte* über die Fortsetzung einer Therapie am Lebensende,
– *Unsicherheit* über den Willen oder das Wohl des Patienten,
– *Uneinigkeit* der beteiligten Parteien,
– *Schwierigkeiten* mit unkooperativen Patienten (vgl. Reiter-Theil 2003, S.226).

Das folgende Fallbeispiel veranschaulicht, bei welchen Problemen das Freiburger Ethik-Konsil im Universitätsklinikum beispielsweise in Anspruch genommen wird:

Die Betreuung eines 70jährigen Patienten mit der Diagnose einer chronisch-obstruktiven Lungenerkrankung veranlasst das Stationsteam zu grundsätzlichen ethischen Überlegungen. Zu der schwierigen medizinischen Situation kommt eine endogene Depression des verwitweten Patienten, um den sich drei seiner fünf erwachsenen Kinder in täglichen Besuchen bemühen. Inzwischen wird der Patient

ständig sediert und beatmet; die Ernährung erfolgt über eine Magensonde.
Die medizinische Prognose geht dahin, dass eine Entwöhnung von der Beatmung
und damit das Wiedererlangen eines erträglichen Bewusstseinszustandes unwahrscheinlich
sein dürften. In der Vergangenheit hatte der Patient bereits
mehrfach indirekt zu verstehen gegeben, dass er keine künstliche Beatmung wolle.
Seine gelegentlichen Versuche, sich von Schläuchen zu befreien, wurden jedoch von den
Ärzten bisher mehr seiner Depression als einer validen Willensbildung zugeschrieben.
Die beiden Söhne des Patienten äußern immer wieder Zweifel an der Behandlung
durch die Ärzte; die Lage ist angespannt. Als eine Entscheidung ansteht,
den Patienten kurzfristig neurologisch zu untersuchen mit der Frage, ob
er nicht bereits irreversible Schädigungen (ein apallisches Syndrom) habe, die
eine Wiederkehr des Bewusstseins mit Sicherheit ausschließen würden, ergeben
sich Schwierigkeiten, hierüber mit den Angehörigen eine sachliche Verständigung
herbeizuführen. Deren Unterstützung der Maßnahme gegenüber dem Patienten,
dessen Sedierung hierfür reduziert werden müsste, wird aber als unverzichtbar
angesehen. Daraufhin wird von ärztlicher Seite ein Ethik-Konsil einberufen.
In diesem Ethik-Konsil geht es um die Problematik der Therapiebegrenzung,
um die Rechte des Patienten, seinen mutmaßlichen Willen und die Frage,
ob der aktuelle medizinische Zustand irreversibel sei und daher eine Reduzierung
der Behandlung nahelege.
Während das Ethik-Konsil tagt, treffen drei der Kinder des Patienten auf der
Station ein. Als eine Schwester meldet, dass diese Beratung die Angehörigen beunruhige,
wird beschlossen, diese direkt in die Sitzung zu bitten. Aus der Zusammenfassung
des Oberarztes zur aktuellen Entscheidung und den Rückfragen und
Reaktionen der Söhne ist zu erkennen, dass allgemeine Zweifel der Angehörigen
über die Betreuung des Vaters ein gemeinsames Vorgehen erschweren. Im Anschluss
an eine Intervention durch die Medizinethikerin als einer „neutralen
Person", in der der Einsatz der beteiligten Ärzte und Pflegekräfte ebenso wie
der Einsatz der Kinder für den Patienten ausdrücklich gewürdigt wird, wird der
Weg frei für die offene Klärung der Frage, ob eine gemeinsame Linie zwischen
Station und Familie gefunden werden kann. Nach eingehender Beratung akzeptieren
die Angehörigen die „Aufgabe", darüber zu entscheiden, ob sie in dieser
konkreten Situation dem Vorschlag der Ärzte folgen und gemeinsam „an einem
Strang ziehen" wollen, um den Vater für die neurologische Diagnostik zu motivieren
und ihn dabei zu begleiten. Mit ihrer anschließend mitgeteilten Entscheidung,
einem klaren „ja", akzeptieren sie zugleich, dass das weitere Vorgehen
(Intensivierung lebenserhaltender Maßnahmen oder nicht) nochmals diagnostisch
überprüft wird, statt ausschließlich auf Annahmen über die Präferenzen
des Patienten gestützt zu werden.
Die Rückmeldung am Tag nach dem Konsil erbrachte, dass die Gesprächsund
Vertrauensbasis zwischen Angehörigen und Station deutlich gebessert war,
so dass anschließend ein konsensuelles Vorgehen möglich wurde: konkret, dass
diagnostische Schritte zur Beurteilung der Prognose durchgeführt werden konnten.
In der Folge ließ der Druck nach, der die Mitarbeiter der Station gegenüber
den Angehörigen und die Kooperation zwischen den Beteiligten beeinträchtigt
hatte. Die persönliche Rückmeldung durch den ärztlichen Direktor, der
selbst am Konsil nicht teilgenommen hatte, sondern von seinen Mitarbeitern unterrichtet
worden war, lautete, das Ethik-Konsil habe einen Durchbruch nach einer
festgefahrenen Situation bewirkt und eine konstruktive Basis zwischen Angehörigen
und Behandelnden eröffnet.
Eine Besonderheit dieses Konsils gegenüber anderen besteht darin, dass hier

– wenn auch ungeplant – erwachsene Angehörige einbezogen wurden. Dies ist umso bedeutsamer, da diese in ihrem bereits bestehenden Zweifel über die Betreuung des Vaters ihre Angst und Unsicherheit auf das Ethik-Konsil ausdehnten, als sie auf dem Flur der Station davon erfuhren. Der positive Verlauf kann m.E. die Betreuer dazu ermutigen, Angehörigen und ggf. auch Patienten, die dazu in der Lage sind, das Angebot zu machen, sich an einem Gespräch über die ethischen Fragen der anstehenden Entscheidung zu beteiligen bzw. selbst ein Ethik-Konsil in Anspruch zu nehmen. Von dieser Möglichkeit haben in letzter Zeit Angehörige und Patienten begonnen, Gebrauch zu machen. Bei dieser Form eines Ethik-Konsils mit Ärzten, Pflegekräften und Angehörigen bzw. Patienten sollte jedoch die Kompetenz in psychologischer Gesprächsführung mit der medizinethischen Expertise kombiniert vertreten sein (Reiter-Theil 1999, S.224-226).

Die auftretenden ethischen Probleme müssen oft unter Zeitdruck bearbeitet und besprochen werden. Hierbei ist es den Mitarbeitern des Freiburger Modells wichtig, möglichst flexibel auf alle anfallenden Fragestellungen einzugehen. Ein methodischer Rigorismus bleibt aus. Methodische Maßstäbe werden in der Dokumentation und Auswertung der Fälle angewandt.

Vorteil dieses Modells ist seine große Flexibilität in Bezug auf die zu behandelten Fälle. Die Vielfalt der Settings in der Beratung geschieht macht eine Beratung auf allen Ebenen des Krankenhauses möglich. Die Pflege kann die Beratung mitgestalten und wird mit einbezogen. Die Nachbesprechung der Fälle, sowie die Evaluation sind grundlegend, da so Vergleichsfälle herangezogen werden, die das Modell weiterentwickeln können (vgl. Wagner 2003, S.47-49).

2.2 Das klinische Ethikkomitee des Erlanger Universitätsklinikums

Vorgeschichte:

Zurzeit existieren in Deutschland über 50 ethische Klinikkomitees, überwiegend in Krankenhäusern mit kirchlicher Trägerschaft.
Das Ethikkomitee in der Erlanger Universitätsklinik wurde im Jahre 2001 gegründet. Der ärztliche Direktor des Hauses sprach direkt Mitarbeiter des Klinikums an, die er fachlich und persönlich geeignet hielt an einem solchen Komitee mitzuarbeiten. Von diesen ausgewählten Personen kamen weitere Personalvorschläge .Diese Gruppe bildet die so genannten **„keyplayers".** Personelle und finanzielle Ressourcen wurden bereitgestellt.
Parallel zu dieser Entwicklung wurde an der medizinischen Fakultät der Uni- Klinik, die Professur für Ethik in der Medizin ausgeschrieben und besetzt **(Professionalisierung)**.

Struktur und Arbeitsweise:

Dem KEK gehören 15 Mitarbeiter des Klinikums an. 4 externe Professoren machen die Zusammensetzung komplett. Ingesamt sind 12 Männer und 7 Frauen vertreten, deren Arbeit ehrenamtlich ist.
Die Pflege ist durch je einen Mitarbeiter der Pflegedirektion und der Krankenpflegeschule, sowie durch Pflegekräfte von einzelnen Stationen vertreten. Die Bereiche Klinikseelsorge, medizinisch- technischer Dienst und Patientenfürsprecher sind ebenfalls im Komitee vorhanden.
Durch die Beteiligung von vielen unterschiedlichen Berufsgruppen soll gewährleistet werden, dass die vielfältigen Arbeitsbereiche des Klinikums im Komitee widergespiegelt werden. Die fachliche Beratung und Organisation des Komitees wird durch die Professur für Ethik und Medizin übernommen. Die Wahl des Vorsitzes des Komitees fiel bewusst auf einen

Mitarbeiter des Klinikums (ärztlicher Leitung der Kinderklinik), um deutlich zu machen, dass das KEK eine Einrichtung des Klinikums ist. Der Vorsitz durch einen externen Ethikberater könnte eine falsche Signalwirkung haben. Die Mitglieder des KEK werden vom Klinikumsvorstand für die Dauer von 3 Jahren berufen. Aus diesem Kreis wird der Vorsitzende gewählt. Geschäftsführung und Moderation wird von der dem Klinikum nicht angehörige Professur für Ethik in der Medizin übernommen. Zur thematischen Vertiefung und zur aktiven Einbeziehung seiner Mitglieder hat das KEK Arbeitsgruppen gebildet. An den Arbeitsgruppen nehmen auch Fachleute teil, die nicht Mitglied des KEK sind. Das KEK wird nur auf Antrag eines Mitarbeiters des Klinikums oder eines Patienten bzw. Angehörigen tätig. Eine ethische Fragestellung muss dabei im Vordergrund stehen, damit das Komitee tätig wird. Die Mitglieder entscheiden darauf hin über die Annahme des Antrages. Bisher wurden 9 Ethikberatungen auf Antrag durchgeführt. In allen Fällen ging es um Fragen des Therapieverzichts bzw. des Therapieabbruches. Nahezu alle Anträge stammten aus Abteilungen deren Leiter Mitglieder im Ethikkomitee sind (vgl. Vollmann 2003, S.229-232). Je nach Fall nahmen vom Behandlungsteam 2-8 Ärzte und Pflegekräfte teil. Die Beteiligung von Angehörigen wurde von ärztlicher Seite nicht gewünscht. Sie wurden nach der Sitzung durch die Ärzte informiert.

Von Seiten Arbeitsgruppe Ethikberatung nahmen 1-3 Personen teil, da die Sitzungen meist kurzfristig anberaumt waren. Alle Beratungen werden in der Arbeitsgruppe nachgesprochen. Fragestellung, Ablauf und Ergebnis der Ethikberatung werden in einem für die Patientenakte bestimmten Brief an den behandelten Arzt im Klinikum geschickt.

Die Aufgaben des Ethikkomitees wurden wie folgt formuliert:

- **Fallbezogene Ethikberatung**
- **Durchführung medizinethischer Fort- und Weiterbildungen**
- **Entwicklung ethischer Leitlinien.**

3. Impulse für die Diskussion des Themas „Ethikberatung" im Seminar

- Das Wissen über die Existenz der Ethikberatung ist an Kliniken oft nicht gegeben (spez. bei Pflegenden, Ärzten, Patienten, Angehörigen). Oft wird das bestehende Angebot nicht genutzt, weil:

- *das Pflegepersonal befürchtet durch die Veranlassung einer Ethikberatung eine Verschärfung der bereits bestehenden berufsgruppenspezifischen Konflikte zwischen Ärzteschaft und Pflege auf der Station. Bestimmte zwischenmenschliche Verhaltensmuster, die für ein hierarchisches und nach Berufsgruppen strukturiertes Klinikum typisch sind, müssen überwunden werden, um in ethischen Fällen eine gleichberechtigte Diskussionsgrundlage zu schaffen.*
- *ein sich ethisch rechtfertigen müssen widerspricht dem beruflichen Selbstverständnis vieler Ärzte. Oft steht hier nur die persönliche, rechtliche Absicherung im Vordergrund und nicht die ethische Diskussion.*
- *Patienten und Angehörige sind oft nicht über das bestehende Angebot informiert. Vor allem für Patienten, die sich z.B. nicht artikulieren können und Bezugspersonen nicht vorhanden sind, ist die Stellung eines Antrages für eine Ethikberatung unmöglich.*

- Finanzielle Ressourcen und Rahmenbedingungen müssen gegeben sein, um ein Ethikkomitee zu etablieren. Das KEK muss von der Klinikleitung gewollt und unterstützt werden.

- Die Allokationsproblematik und die medizinischen Weiterentwicklungen im Bereich Forschung und Technik werden in Zukunft die ethisch zu diskutierende Zahl der Fälle ansteigen lassen.

- Berufsfelder, wie in den USA bestehen in Deutschland nicht.

- Die bestehenden Ethikkomitees sind schlecht organisiert. Kommunikation mit anderen Kliniken findet nicht statt. Eine Vernetzung (auch international) ist nicht vorhanden, so können keine einheitlichen Methoden entworfen und weiterentwickelt werden. Ein profitieren voneinander ist somit nicht möglich.

- Kompetenzen (z.B. Moderationstechniken, Gesprächsführung) müssen bei den Mitgliedern des KEK vorhanden sein und weiter geschult werden.

- In der Ausbildung wird der Ethik wenig Beachtung geschenkt. Am Einzelfall könnten, in der Pflege als auch bei den Ärzten, ethische Aspekte mit medizinischen Lerneinheiten kombiniert werden.

- Die Fort- und Weiterbildungsangebote sind sehr gering.

- Sprachkompetenzen (spez. Bei den Pflegenden) müssen weiterentwickelt werden. Stichwort: Sprachlosigkeit in der Pflege.

4. Literatur

Krämer, Walter: Wir kurieren uns zu Tode- Rationierung und die Zukunft der modernen Medizin. In: Wiesing Urban (Hrsg.) (2000): Ethik in der Medizin- Ein Reader, Stuttgart, S. 250-252.

Reiter- Theil, Stella(1999): Ethik in der Klinik- Theorie für die Praxis: Ziele, Aufgaben und Möglichkeiten des Ethik- Konsils. In: ETHIK IN DER MEDIZIN, Band 11 Jahrgang 1999, Freiburg, S.222-232.

Siedendiek, Ursel/Engel, Frank/Nestermann, Frank(1999): Beratung: Eine Einführung in sozialpädagogische und psychosoziale Beratungsansätze, Weinheim/ München.

Vollmmann, Jochen/ Weidtmann Axel (2003): Das klinische Ethikkomitee des Erlanger Universitätsklinikums- Institutionalisierung, Arbeitsweise, Perspektiven. In: ETHIK IN DER MEDIZIN, Band 15 Jahrgang 2003, Freiburg, S.229-238.

Wagner J.(2003): Ethikberatung- ein neues Aufgabenfeld. Möglichkeiten und Grenzen der Einflussnahme von Pflegenden auf ethische Probleme im Krankenhaus, (Diplomarbeit) Darmstadt.

Internetquellen

http://www.ethikkomitees.de (Stand 09.12.2003)

http://www.gesch.med.uni-erlangen.de/eth/projekte/klin_Eth/kebMit-htm (Stand 06.12.2003)

http://www.marburger-bund.de/mbz/2003/01/07.htm (Stand 06.12.2003)

http://www.ukl.uni-freiburg.de/zerm/homede.html (Stand 08.12.2003)

http://www.ukl.uni-freiburg.de/ethik-komission/mitglieder_main.html (Stand 09.12.2003)

http://www.ukl.uni-freiburg.de/zerm/pdf/taetigkeit_2002.pdf (Stand 09.12.2003)

BEI GRIN MACHT SICH IHR WISSEN BEZAHLT

- Wir veröffentlichen Ihre Hausarbeit,
  Bachelor- und Masterarbeit

- Ihr eigenes eBook und Buch -
  weltweit in allen wichtigen Shops

- Verdienen Sie an jedem Verkauf

Jetzt bei www.GRIN.com hochladen und kostenlos publizieren